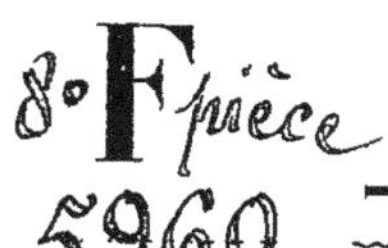

VILLE DE SOISSONS

RÈGLEMENT

CONCERNANT

LA CIRCULATION DES ANIMAUX EN VILLE

ET LA

POLICE DE L'ABATTOIR

ÉDITÉ PAR LES SOINS

DU

Syndicat de la *Boucherie Soissonnaise*

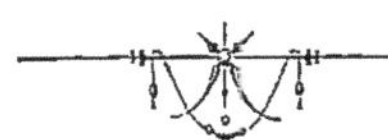

SOISSONS

IMPRIMERIE DE L'*ARGUS SOISSONNAIS*

13-15, rue Saint-Antoine, 13-15

—

1923

RÈGLEMENT

CONCERNANT

LA CIRCULATION DES ANIMAUX EN VILLE

ET LA

POLICE DE L'ABATTOIR

ÉDITÉ PAR LES SOINS

DU

Syndicat de la *Boucherie Soissonnaise*

SOISSONS

IMPRIMERIE DE L'*ARGUS SOISSONNAIS*

13-15, rue Saint-Antoine, 13-15

—

1923

MAIRIE DE SOISSONS

Inspection des Viandes foraines

ARRÊTÉ RÉGLEMENTAIRE

Nous, Maire de la Ville de Soissons, Chevalier de la Légion d'Honneur,

Vu les lois du 5 août 1884 et du 8 janvier 1905,

Considérant que si toutes les viandes sortant de l'abattoir pour être livrées à la consommation publique font l'objet d'un examen sanitaire de la part des Inspecteurs vétérinaires, il n'en est pas de même des viandes foraines, c'est-à-dire, celles qui provenant de l'extérieur de la ville sont amenées en ville, soit sur les Marchés, soit dans les boutiques et étaux.

Considérant que ces viandes peuvent être contaminées et nuire à la santé publique :

ARRÊTONS :

Article premier. — A l'avenir les viandes foraines seront soumises à l'Inspection sanitaire avant d'être mises en vente.

Art. 2. — Sont considérées comme viandes foraines et soumises aux dispositions du présent arrêté, toutes les viandes foraines de provenance extérieure dont l'énumération suit : Les viandes mortes de bœuf, taureau, vache, veau, mouton, agneau, chèvre, chevreau, porc et porcelet, les préparations de charcuterie, saucissons, jambons, boudins, les abats et débris utilisés pour la triperie, tels que poumons foies, panses, pieds, etc., les viandes de conserves, les salaisons, les extraits de viande de toute nature.

Toutefois sont exemptées de la visite sanitaire, les viandes de conserves renfermées dans des boîtes de métal soudées, le sang, les boyaux, et les graisses servant à un usage industriel.

Art. 3. — Les viandes foraines destinées à la vente devront à leur entrée en ville être présentées au bureau d'octroi par l'Introducteur auquel il sera remis un bulletin de vérification tiré d'un registre à souche dont le talon restera au bureau d'octroi.

Les souches et les bulletins indiqueront : le poids, la nature et la provenance des viandes introduites. Ils seront signés par le receveur et l'introducteur et remis par ce dernier au Service de l'abattoir (service d'Inspection).

Art. 4. — Les viandes foraines telles qu'elles sont spécifiées ci-dessus, devront être conduites directement du bureau d'octroi où l'introduction a eu lieu, à l'abattoir pour être soumise à l'inspection sanitaire.

Art. 5. — Cette inspection sera faite par le vétérinaire de service aux heures suivantes deux fois par jour, le matin de 7 à 8 heures, excepté le mercredi et le samedi où elle aura lieu de 8 à 9 heures.

Le soir de 4 à 5 heures pendant les mois de novembre, décembre, janvier et février, et de 6 à 7 heures pendant les huit autres mois.

Art. 6. — Dès leur arrivée à l'abbatoir, les viandes foraines seront déchargées des voitures qui les auront amenées et transportées dans la salle d'inspection, elles y seront suspendues ou placées sur la table, le tout par les soins de l'introducteur.

Celles qui seraient amenées à l'abattoir après l'heure fixée pour l'inspection y resteront jusqu'à la visite suivante. Dans ce cas elles devront être soigneusement étiquetées pour éviter de les confondre avec celles des autres introducteurs.

Art. 7. — Les viandes devront être présentées de la manière suivante, celle de bœuf, vache, taureau, par morceaux d'au moins cinq kilos, celle de veau, mouton et porc par moitié ou bêtes entières, toutefois les morceaux de choix tels que filets, faux-filets et aloyaux pour les viandes de bœuf, cuissots de veau, carrés de côtelettes, gigots et épaules de mouton, jambons et épaules de porc, continueront à être admis à l'état de pièces détachées.

Art. 8. Les Habitants de Soissons qui introduisent eux-mêmes des viandes pour leur consommation personnelle peuvent les faire entrer en ville sans les soumettre à l'inspection jusqu'à concurrence de dix kilos de viande et produits de boucherie et de charcuterie. Procès-verbal sera dressé contre tout particulier qui servira d'intermédiaire entre l'introducteur et le boucher, charcutier ou autre marchand de comestibles dans le but de soustraire la viande introduite à l'examen du Service d'inspection.

Art. 9. — Les viandes reconnues saines seront immédiatement et en présence de l'inspecteur marquées d'une estampille. Cette estampille figurera sur le bulletin de vérification qui aura été remis à l'introducteur.

Art 10. — Le droit de visite sanitaire est fixé à un centime par kilo de viande nette.

Il sera perçu au bureau d'octroi par où l'introduction a été faite.

Art. 11. — Les viandes foraines estampillées seront enlevées immédiatement de l'abattoir et conduites soit sur les marchés, soit dans les boutiques et étaux de la ville.

Art. 12. — Elles pourront être à nouveau examinées à domicile par l'inspecteur sanitaire toutes les fois que celui-ci le jugera à propos.

Art. 13. — Les bouchers, charcutiers ou autres commerçants ne pourront sous aucun prétexte refuser l'entrée de leur établissement aux agents de service de l'inspection, ni soustraire à cette inspection aucune des viandes qu'ils détiendront au moment de la visite. Ils devront faciliter cette inspection et faire toutes les manipulations qui leur seront demandées. Si les inspecteurs trouvaient soit dans les étaux, et les boutiques de la ville, soit sur les marchés, une viande non estampillée, ils en empêcheraient la vente et la ferait conduire par les soins des intéressés à l'abattoir pour y être soumise à la vérification et à l'estampillage réglementaires, sans préjudice du procès-verbal qui serait relevé contre eux.

Art. 14. — M. le Commissaire de police, M. le Préposé à l'abattoir et MM. les Inspecteurs sanitaires seront chargés chacun en ce qui le concerne de l'exécution du présent arrêté.

Fait à Soissons le 10 novembre 1905..

Le Maire : Signé DEVIOLAINE.

Décret *portant réglement d'administration publique pour l'exécution de la loi du 8 janvier 1905, relative aux Abattoirs.*

(MINISTÈRE DE L'AGRICULTURE)

Le Président de la République Française : Sur le rapport du Ministre de l'Agriculture et du Président du Conseil Ministre de l'Intérieur :

Vu la loi du 8 janvier 1905 relative aux abattoirs et notamment son article 9 aux termes duquel un réglement d'administration publique doit pourvoir à son exécution : Le Conseil d'Etat entendu :

DÉCRÈTE :

Article premier. — Les animaux amenés doivent être abattus au plus tard le lendemain de leur entrée ; la viande, les abats et les issues provenant desdits animaux ne peuvent être laissés à l'abattoir que pendant la journée au cours de laquelle a lieu l'abatage et durant celle qui suit.

Toutefois les communes peuvent permettre aux intéressés d'y laisser les animaux ainsi que les viandes et les issues, après l'expiration de ces délais ; et dans ce cas elles sont autorisées à percevoir un droit d'abri. Une redevance peut également être exigée pour tous locaux et installations spéciales qui seraient mis à la disposition des intéressés pour d'autres opérations que celles de l'abatage proprement dit et celle du lavage à l'eau froide des abats et issues.

Art. 2. — La fourniture de l'eau froide, la désinfection des locaux, ainsi que les soins généraux de propreté incombe aux communes. Toutefois · le lavage des emplacements d'abatage, des vêtements de travail et appareils employés doit être effectué par les intéressés.

Art. 3. — Les agents des services sanitaires de l'Etat ou des départements ont libre accès dans les abattoirs pendant les heures d'ouverture.

Art. 4. — Le Ministre de l'Agriculture et le Président du Conseil Ministre de l'Intérieur sont chargés chacun en ce qui le concerne, de l'exécution du présent décret qui serà publié au *Journal officiel* et inséré au bulletin des Lois.

Fait à Rambouillet, le 24 août 1908.

A. FALLIÈRES.

Pour le Président de la République :

Le Ministre de l'Agriculture,

J. RUAU.

Le Président du Conseil Ministre de l'Intérieur,

G. CLEMENCEAU.

RÈGLEMENT

CONCERNANT

LA CIRCULATION DES ANIMAUX EN VILLE

LA POLICE DE L'ABATTOIR

l'Inspection des Viandes et des Denrées alimentaires

Nous, Maire de la Ville de Soissons, Chevalier de la Légion d'Honneur,

Vu la loi des 16-24 août 1790 ;

Vu l'ordonnance royale du 15 octobre 1825, portant interdiction d'abattre des animaux en ville ailleurs qu'à l'abattoir ;

Vu la loi du 21 juillet 1881 sur la police sanitaire des animaux :

Le décret du 22 juin 1882 et la circulaire ministérielle du 20 août suivant ;

La loi du 5 avril 1884 sur l'organisation municipale ;

L'arrêté du 1er avril 1898 relatif à la désinfection en cas de maladie épizootique ;

Le décret du 6 octobre 1904, portant règlement d'administration publique sur ladite loi ;

La loi du 21 juin 1898 sur le code rural ;

Les lois de finances des 13 avril 1898, 30 mai 1899 et 30 mars 1902, relatives aux indemnités à accorder aux propriétaires d'animaux abattus pour cause de maladie épizootique ;

La loi du 13 février 1902 sur la santé publique ;

La loi du 8 janvier 1905 relative aux abattoirs ;

Le décret du 24 août 1908, portant réglementation d'administration publique sur ladite loi ;

Vu le décret du 13 mai 1893 ;

La loi du 1er août 1905 sur les fraudes et falsifications des denrées alimentaires ;

Vu les arrêtés préfectoraux des 4 août 1905 et 9 septembre 1907 autorisant la reconstruction d'un nouvel abattoir ;

Les délibérations du Conseil Municipal du 9 juillet 1909 et 22 mars 1912. Les arrêtés municipaux des 17 novembre 1825, 26 mai 1854, 18 août 1892, 25 mai 1894, 14 octobre 1898, 25 mars 1904, 10 novembre 1905, 20 décembre 1905, 3 novembre 1906, 22 novembre 1906, 7 mai, 23 avril 1908 ;

Les articles 471 et suivants du Code pénal ;

Vu notre arrêté du 11 août 1909 ;

Considérant que la mise en exploitation du nouvel abattoir et la réorganisation du service d'inspection des denrées alimentaires ont permis de constater qu'il y a lieu de modifier ce dernier arrêté ;

ARRÊTONS :

Première Partie

CHAPITRE PREMIER

Personnel de l'Abattoir.

Article premier. — L'abattoir public est placé sous l'autorité de la Municipalité.

La gestion de cet établissement est assuré par un personnel spécial. Toutefois le service de l'octroi y conserve la surveillance et le contrôle de la perception des droits d'octroi ; l'architecte voyer, la direction et la responsabilité des travaux d'entretien des bâtiments et du matériel, le Commissaire de police, concurremment avec le directeur, la police de l'établissement.

Art. 2. — Le personnel spécial de l'abattoir comprend :

1° Un vétérinaire-directeur chef du Service de l'inspection des denrées alimentaires dans la Ville de Soissons ;

2° Un préposé-comptable ;

3° Un concierge-homme de peine ;

4° Un mécanicien ;

5° Un aide-mécanicien.

Art. 3. — Le vétérinaire-directeur a pour mission :

1° D'assurer l'inspection des animaux sur pied à leur entrée à l'Abattoir et ensuite d'une façon quotidienne dans les étables ;

2° D'assurer l'inspection de toutes les viandes après l'abatage, comme pendant toute la durée de leur entrepôt dans l'intérieur de l'Abattoir et dans les locaux frigorifiques ;

3° D'assurer aux heures fixées par le règlement l'inspection des viandes foraines dans un local de l'Abattoir spécialement affecté à cet usage ;

4° De vérifier et de contrôler la comptabilité du préposé ;

5° De maintenir dans l'établissement et ses annexes le bon ordre, d'y faire exécuter le règlement, de veiller à l'exécution de toutes mesures concernant l'hygiène et aussi la sécurité du travail.

A cet effet, en dehors des visites réglementaires dont les heures sont renseignées au présent règlement, il devra en faire inopinément, aussi souvent que possible, dans les divers locaux de l'Abattoir.

Il assistera le plus souvent possible à l'habillage des animaux.

Il sera assermenté et dressera procès-verbal de toutes les infractions aux lois et règlements se rapportant à ses fonctions.

En outre de ses fonctions de directeur de l'Abattoir, il est chargé de l'inspection des denrées alimentaires mises en vente sur le territoire de Soissons.

Il devra en conséquence :

1° Assurer l'inspection sanitaire des foires et marchés aux bestiaux ;

2° Contrôler fréquemment la qualité du lait colporté par les laitiers ou mis en vente dans les laiteries et crêmeries ;

3° Visiter les poissons, volailles, gibiers, viandes, produits de charcuterie, fruits et légumes, et en général toutes les denrées alimentaires diverses, exposées en vente sur les marchés et dans les boutiques et magasins ;

4° Visiter les étaux, boutiques, dépôts, entrepôts des bouchers, charcutiers, tripiers, et en général de tous les commerçants et industriels établis en Ville et qui vendent des viandes de boucherie, de charcuterie et plus généralement des denrées alimentaires.

Art. 4. — Le préposé-comptable est chargé en sus de la perception des taxes d'octroi, qu'il effectue sous le contrôle de cette administration :

1° De percevoir toutes les taxes et redevances pouvant résulter de l'application des lois et règlements actuellement en vigueur ou qui pourront être établis ultérieurement. Ces taxes devront être payées à son bureau à l'Abattoir.

Il inscrira imédiatement toutes ces perceptions sur des registres à souches à ce destinés et en délivrera quittance.

Il effectuera toutes les semaines à la caisse du receveur municipal le versement des sommes perçues sur bordereau dressé par lui certifié par le directeur et visé par le Maire.

Les membres de la Commission prévue à l'article 12 feront à tour de rôle, mensuellemnt au moins, une vérification inopinée des écritures et de la caisse.

Mention en sera faite sur les registres ;

2° Des pesages nécessaires pour la perception des taxes et le contrôle des déclarations ;

3° De la tenue de tous les registres qui pourront être prescrits par la Municipalité et qui devront constamment être tenus à jour de même que toutes les écritures qui pourront être demandées par le directeur ;

4° De suppléer la directeur de l'Abattoir en l'absence de celui-ci, de l'aider dans son service de police générale de l'établissement et tout spécialement de faire exécuter le règlement.

Il sera assermenté en l'absence du directeur, et après lui en avoir référé à son retour, il dressera procès-verbal des contraventions qui pourront être constatées par lui-même ou qui lui seront signalées par le personnel ;

5° De la marque des viandes au moment de l'inspection du vétérinaire, mais il lui est formellement interdit de marquer des viandes sans l'autorisation de celui-ci ;

6° De surveiller et de diriger le travail de l'homme de peine. Il aura en outre la garde des clefs ;

7° Il devra faire de fréquentes tournées dans les locaux de l'Abattoir, assister le plus souvent possible à l'habillage des bestiaux et signaler au directeur tout ce qui peut intéresser la police et l'exploitation de l'établissement.

Art. 5. — Il entretiendra son bureau en état de propreté ; il y allumera et entretiendra le feu quand besoins sera ; il sera de même chargé de la propreté du corridor conduisant à son logement.

Art. 6. — Les fonctions de concierge seront toujours confiées à un ménage. La femme sera spécialement chargée de l'ouverture et de la fermeture des portes et de la surveillance des entrées et des sorties des employés et autres personnes, des animaux et des viandes.

Le mari sera chargé de l'entretien en état de propreté d'une partie des locaux, des cours et de l'outillage en général.

Il effectuera tous les travaux nécessaires à la bonne tenue de l'établissement dans toutes les parties de l'Abattoir que les usagers n'ont pas charge de nettoyer et d'entretenir eux-mêmes, telles que la salle d'inspection des viandes foraines, le parc d'arrivée et la bascule, les locaux sanitaires, les bouveries, les bergeries, les porcheries, les halles d'abatage et d'habillage, le passage couvert conduisant au frigorifique, la salle des viandes et le matériel affecté au transport des vidanges, ainsi que tous ceux quelconques qui lui seront commandés par le directeur ou le préposé, dans l'intérêt de la salubrité et de la propreté.

Il sera chargé de l'entretien, de la propreté et du chauffage du bureau du directeur, de la manœuvre de la canalisation d eau, des interrupteurs, des lampes électriques et de l'entretien des égoûts.

En cas de gelée, il assurera la vidange des conduites afin d'éviter leur rupture.

Chaque soir, après la fermeture de l'établissement, il fera une ronde dans tous les locaux, s'arrurera que toutes les lampes sont éteintes, les robinets d'eau fermés. Il fermera les fenêtres et les portes et remettra les clefs de celles-ci au préposé.

Il sera tenu de rester dans les salles d'abatage pendant le travail des usagers et de signaler, sous peine de révocation, les dégradations qui seraient occasionnées par ceux-ci ou par toute autre personne aux immeubles et à l'outillage. Il devra egalement signaler au directeur et au préposé les infractions au règlement.

Art. 7. — Le mécnicien est chargé :

1° De la conduite et de l'entretien des générateurs, de la machinerie et de l'outillage de l'établissement déjà installé ou qui pourra être installé ultérieurement.

2° De maintenir dans les salles froides et la glacière les températures constantes qui lui seront indiquées par le directeur, d'assurer la fabrication d'une quantité déterminée de glace selon les besoins et la distribution aux heures indiquées par le règlement, la distribution de vapeur et de lumière dans les diverses salles de l'Abattoir.

Il se conformera aux indications que lui donnera, à cet effet, le directeur de l'Abattoir ; il restera seul responsable de l'entretien de la machinerie sous la surveillance du voyer-architecte. Il remettra chaque jour au directeur un rapport concernant son service.

Art. 8. — L'aide-mécanicien est chargé :

1° De l'entretien de la propreté, concurremment avec le mécanicien, de la salle des générateurs, de la salle des machines, des locaux frigorifiques, de la glacière et de. ses dépendances ;

2° De la distribution de la glace et de la conservation du matériel de l'établissement.

Il devra assurer seul l'entretien de la propreté de la resserre des viandes, du four Kori ,de la salle d'échaudage des bouchers.

Art. 9. — Les agents du service de l'Abattoir sont tenus de faciliter la besogne aux bouchers et charcutiers chacun en ce qui le concerne, mais il leur est formellement interdit d'exécuter pour le compte de ces usagers aucun travail rétribué.

La Ville décline formellement toute responsabilité pour les accidents qui pourraient survenir à son personnel en pareille circonstance.

Art. 10. — Il est formellement interdit au personnel de l'Abattoir de s'absenter de l'établissement pendant les heures d'ouverture sans l'autorisation du directeur.

Art. 11. — Les employés de l'Abattoir ne peuvent faire aucun commerce d'objets provenant des opérations faites à l'Abattoir ou destinés aux usagers de cet établissement. Ils doivent rester étrangers à toutes transactions entre les bouchers, charcutiers, négociants, vendeurs ou acheteurs.

Art. 12. — Le préposé, le concierge-homme de peine, le mécanicien et l'aide-mécanicien sont placés sous l'autorité et la surveillance du directeur et devront lui obéir en tout ce qu'il leur commandera pour les besoins du service. Ils devront, au début de sa première visite de chaque matin, lui rendre compte à son cabinet de ce que chacun d'eux aura pu remarquer d'anormal dans l'intérieur de l'Abattoir. Ils devront se conformer à toutes les prescriptions du règlement.

Art. 13. — Une Commission spéciale, désignée par le Conseil Municipal, sera chargée de la surveillance de l'Abattoir et du fonctionnement des services.

CHAPITRE II

Interdiction d'abattre ailleurs qu'à l'Abattoir public.

Art. 14. — Il est interdit d'abattre et d'habiller aucun animal de boucherie (bœuf, vache, taureau, veau, mouton, agneau, chèvre, chevreau, porc, porcelet) sur le territoire de la Ville de Soissons, ailleurs qu'à l'Abattoir public de la Ville.

La même interdiction s'applique au nettoyage et à l'échaudage des têtes, pieds, tripes et intestins. Ces opérations ne pourront être effectuées que dans les triperies de l'Abattoir. Toutefois les personnes qui, pour la consommation de leur ménage élèvent des porcs, des moutons ou des chèvres, pourront les abattre chez elles.

Les particuliers, les bouchers et charcutiers étrañgers à la Ville pourront obtenir l'autorisation d'abattre dans l'établissement aussi longtemps que la Municipalité estimera que les locaux sont suffisants pour les recevoir.

Art. 15. — Dans le cas où par suite d'un accident ou d'un danger de mort, l'abatage d'un animal de boucherie destiné à l'alimentation publique serait urgent et que l'animal ne pourrait être transporté à l'Abattoir, le propriétaire devra en prévenir le directeur de l'Abattoir qui, après avoir visité l'animal, pourra autoriser son abatage sur place.

Si l'animal a été abattu avant l'arrivée de l'inspecteur, la viande sera toujours saisie si les viscères ne sont pas présentées ou si l'on constate un épluchage quelconque.

En tout cas, l'utilisation de ces viandes ne pourra avoir lieu qu'après que le vétérinaire inspecteur en aura fait l'estampillage. La visite de ces viandes se fera toujours à l'Abattoir.

CHAPITRE III.

Arrivage des bestiaux à l'Abattoir.

Art. 16. — A moins d'être transportés en voiture les bestiaux devront être conduits à l'Abattoir en suivant l'itinéraire suivant :

1° Ceux arrivant par la rive droite de l'Aisne, avenues de Laon et de Vauxrot ;

2° Ceux arrivant par la place Saint-Christophe, rues Matigny, des Cordeliers, Grand'Place, rues de la Paix, Coucy et avenue de Vauxrot ;

3° Ceux arrivant par la place de la République, rues Gambetta, de l'Arquebuse, Notre-Dame, de la Bannière, du Port, le Pont du Mail, rue de Coucy et avenue de Vauxrot.

Art. 17. — Les bovidés devront toujours être entravés de la corne au pied gauche.

Les taureaux et animaux dangereux devront toujours être attachés par un double et solide lien derrière une voiture et jamais plus de deux ensemble.

Les bœufs ne pourront être conduits que par bandes de 15 au maximum. Le nombre de conducteurs sera de :

    1 pour 1 ou 2 animaux.

    2 pour 3 à 9   —

    3 pour 10 à 15   —

Les veaux et porcs seront amenés en voiture ainsi que les moutons isolés.

Les moutons en bande seront accompagnés par au moins un conducteur et un chien.

Les conducteurs ou propriétaires devront toujours se conformer pour la conduite des animaux aux prescriptions des règlements spéciaux qui pourraient intervenir en cas d'épizootie.

Art. 18. — Les bouchers et meneurs de bestiaux devront conduire les animaux avec ménagement et sans mauvais traitement.

Il est interdit de les frapper à l'excès avec des bâtons, de les traîner, de leur pincer la queue ou de les frapper sur les yeux, de laisser stationner dans le parcours ou marcher sur les trottoirs ou les bas-côtés de voie.

Art. 19. — Les veaux seront amenés en voiture sans être garottés ni liés par les pattes. Il en sera de même pour les moutons amenés en voiture.

Art. 20. — Les animaux seront admis à l'Abattoir à partir de l'heure d'ouverture le matin, jusqu'à 9 heures du soir pendant toute l'année.

Art. 21. — L'entrée des animaux s'effectuera exclusivement par la porte de l'avenue de Vauxrot.

Art. 22. — Les propriétaires, bouchers et charcutiers seront tenus de déclarer au bureau du receveur le nombre d'animaux de chaque espèce qu'ils entrent à l'Abattoir. Ces déclarations seront immédiatement contrôlées, les animaux pesés et les droits d'octroi versés, si le conducteur ne justifie pas par une quittance les avoir payés au préalable.

Faute de paiement immédiat, l'entrée des animaux amenés pourra être refusée.

Chaque introduction est de suite inscrite sur un livre à souche avec indication du nombre et du poids des animaux de chaque espèce et du nom du propriétaire.

Art. 23. — Il est défendu de décharger le petit bétail en le faisant tomber des voitures ; on devra toujours se servir du quai spécialement aménagé pour le déchargement.

Art. 24. — Les animaux ne seront admis au parc d'arrivée ou dans les étables que s'ils portent la marque bien apparente de leur propriétaire. Chaque boucher ou charcutier est tenu de faire connaître par écrit sa marque au directeur et il ne pourra y apporter de modification sans en faire la déclaration écrite.

Art. 25. — Aussitôt la pesée des animaux, le préposé pourra faire diriger tout animal suspect de maladie contagieuse directement dans les locaux sanitaires.

Les autres seront conduits dans les étables ; mais si un animal était reconnu ultérieurement atteint de maladie contagieuse et que la désinfection des locaux devienne nécessaire elle serait mise à la charge du propriétaire dudit animal.

Art. 26. — Les animaux de boucherie seront conduits toujours entravés, de la bascule ou du parc aux étables en suivant la rue, entre le hall d'abatage et les étables, les porcs et les moutons en suivant la rue entre le mur de clôture et les étables.

Les propriétaires et conducteurs devront se soumettre aux mesures de désinfection qui seraient jugées nécessaires par le

3

directeur ou le préposé et qui leur seraient indiquées.

Art. 27. — Les animaux seront attachés solidement dans les étables et il pourra être exigé un anneau nasal et une double attache pour les taureaux et les animaux méchants. Les bouchers devront se conformer pour les emplacements à faire occuper par leurs bestiaux aux indications du directeur et du préposé.

Art. 28. — Les bouchers et charcutiers devront pourvoir a la nourriture de leurs bestiaux pendant leur séjour à l'Abattoir ; ils devront veiller à ce qu'il leur soit fait des distributions d'eau assez fréquentes pour éviter les mugissements répétés.

Le maximum du jeune avant l'abatage est fixé à 24 heures.

Art. 29. — Les litières des bouveries, écuries, bergeries, porcheries, sont entretenues par les soins des usagers, mais les fumiers ne sont pas moins la propriété de la Ville.

Ces fumiers seront enlevés par les soins de la Ville, au moins une fois par semaine pendant l'hiver et deux fois pendant l'été, et conduits à la fosse à fumier.

Art. 30. — Les bouchers et charcutiers seront responsables des dégâts et accidents que leurs animaux pourront commettre soit au moment de leur introduction, soit pendant leur séjour à l'Abattoir. Ils devront en conséquence veiller à la solidité des chaînes. longes, anneaux, etc...

Art. 31. — Les animaux admis à l'Abattoir, une fois pesés et quittancés; ne pourront en sortir autrement qu'abattus à moins d'autorisation spéciale du directeur.

Art. 32. — Aucun animal ne pourra rester plus de 10 jours dans les étables, écuries, bergeries et porcheries de l'Abattoir. Toutefois l'Administration se réserve le droit de faire cesser la durée de l'établage dont la prolongation au-delà des premiers jours pourrait gêner la réception de nouveaux bestiaux.

Art. 33. — En aucun cas la Ville ne pourra être rendue responsable de soustractions ou d'échanges d'animaux, de viandes ou de toutes marchandises ou des mutilations d'animaux qui seraient constatées à l'Abattoir.

CHAPITRE IV

Abatage des Bestiaux.

Art. 34. — Il est défendu d'abattre aucun animal qui n'ait été au préalable visité par le vétérinaire et pour lequel on n'ai pas acquitté la taxe d'octroi. En cas d'infraction, il sera dressé procès-verbal.

Art. 35. — Avant d'être conduits des étables dans les salles d'abatage, les bœufs, vaches, taureaux et chevaux seront masqués ou solidement entravés ; les chevaux seront déferrés. En ce qui concerne les animaux méchants, le directeur ou le préposé pouront prescrire toutes mesures de précaution qui leur paraîtront utiles et dont ils seront seuls juges.

Art. 36. — Il est défendu de maltraiter les animaux avant et pendant l'abatage.

Art. 37. — Le tueur doit être prêt avant le terrassement de l'animal. La mise à mort ne devra être opérée que par ou en présence d'une personne expérimentée.

Art. 38. — Avant d'être abattus les gros animaux devront être solidement attachés aux anneaux à ce destinés dans chaque travée de la salle d'abatage.

Ils seront mis à mort immédiatement. Cette opération se fera pour le gros bétail dans la partie droite de la salle et pour le petit bétail dans la partie gauche.

Les gros animaux seront autant que possible abattus au moyen du masque Bruneau.

Pour les porcs il est défendu de leur enfoncer un bâton ou tout autre objet dans la gueule.

Art. 39. — Il est expressément défendu de laisser écouler le sang dans les égoûts Les bouchers et charcutiers seront tenus de le recueillir dans des vases spéciaux et de le dénaturer dans le local spécialement aménagé à cet effet. Toutefois le sang destiné à des usages alimentaires devra être recueilli et transporté dans des récipients absolument propres. Il ne pourra séjourner à l'Abatoir

Art. 40. — Tout animal une fois abattu devra être dépouillé et habillé sans discontinuer. Dès que l'habillage d'un animal sera terminé, ledit animal sera remisé à l'endroit qui sera désigné a cet effet de façon à laisser libre l'emplacement réservé à l'abatage. Il recevra au préalable par les soins de son propriétaire ou du délégué de celui-ci la marque spéciale propre à cet usage et que ce dernier aura une fois pour toutes fait connaître par écrit au directeur de l'Abattoir.

Art. 41. — Il est absolument défendu de gonfler les poumons des animaux en se servant du souffle humain. Il devra être fait usage à cet effet d'une pompe ou d'un soufflet spécial.

Art. 42. — Les cuirs, peaux, suifs, graisses, abats et autres matières provenant des animaux abattus ne pourront pas séjourner dans les halles d'abatage.

Aussitôt après l'inspection, ces produits en seront enlevés et conduits dans les locaux spéciaux.

Art. 43. — Il est formellement interdit de pratiquer dans les salles d'abatage la vidange des panses et des intestins. Le dégraissage en sera fait sur les tables *ad hoc ;* les panses et les intestins seront ensuite transportés dans la salle spéciale où ils seront vidés et lavés.

Art. 44. — Après avoir été abattus dans le local affecté à ce travail, les porcs seront transportés dans la salle du brûloir, puis dans le pendoir, mais en aucun cas ils ne pourront être traînés sur le sol. Ils ne seront pas non plus épilés et lavés sur le sol, mais sur les claies fournies à cet effet.

Art. 45. — La vidange et le nettoyage des intestins ne pourra se faire que dans la travée de droite et dans les récipients affectés à cet usage.

Art. 46. — Les salles d'abatage sont pourvues par les soins de l'Administration des appareils nécessaires à leur exploitation : treuils, écarteurs, transporteurs aériens, etc..... Les occupants seront tenus d'apporter dans l'emploi qu'ils feront de ces appareils tous les soins d'un bon père de famille et resteront responsables de toutes les détériorations mobilières ou immobilières et qui proviendraient de leur fait ou de leur négligence.

Art. 47. — Ils seront toujours supposés avoir pris les outils ou appareils en bon état de fonctionnement et devront en conséquence signaler au directeur ou au préposé les dégradations qu'ils constateraient à un appareil en en prenant possession. Le dernier occupant restera responsable de l'état de l'appareil au moment où il cessera de s'en servir s'il ne justifie pas que la dégradation n'est pas de son fait.

Art. 48. — Un même appareil, treuil, table à veau, à mouton, d'épilage, à dégraisser, etc..., ne pourra être occupé pendant plus d'une heure et demie par le même usager, si les necessités du service l'exigent, c'est-à-dire si l'usage de ces appareils devient nécessaire pour permettre le travail d'un autre usager.

Art. 49. — En cas de contestations en ce qui concerne la priorité pour l'usage des appareils, le directeur ou en son absence le préposé tranchera la question.

Art. 50. — Aussitôt qu'un boucher ou charcutier aura terminé l'abatage et l'habillage de ses bestiaux ou que sur l'ordre du directeur ou du préposé il devra cesser son abatage, il lavera, nettoiera et brossera la place occupée et les outils et appareils lui appartenant ou appartenant à l'Administration, dont il s'est servi, de façon à n'y laisser subsister aucune trace d'ordure ou de sang.

Faute par les usagers de satisfaire à cette prescription, une contravention pourra être relevée contre eux et, en tout cas, l'usager sera tenu au remboursement des frais de nettoyage que le directeur fera exécuter d'office en cas d'urgence. La somme à payer par l'usager variera avec l'importance du travail, mais ne sera jamais inférieure à un franc.

Art. 51. — Chaque boucher ou charcutier doit, lorsqu'il a terminé son travail, enfermer les différents ustensiles lui appartenant dans le placard de son vestiaire ou les emporter chez lui. Il devra, à toute réquisition, justifier de la propreté de ce placard et des objets qui y sont enfermés. Il est interdit d'y déposer des suifs, cuirs ou autres détritus provenant de l'abatage des animaux ainsi qu'au-dessus de ce vestiaire.

Art. 52. — Il est défendu de commencer l'abatage des gros

animaux pendant l'heure qui précède la fermeture de l'établissement. Pour le petit bétail, porcs, veaux, moutons, l'abatage en sera toléré plus tardivement, mais sous la condition que l'habillage en sera terminé à la fermeture de l'Abattoir, c'est-à-dire à 6 heures pendant la première période et à 7 heures pendant la seconde, comme il est dit à l'article 79 du présent règlement.

CHAPITRE V

Triperie.

Art. 53. — Les panses et intestins seront vidés dans la première salle au-dessus de la trémie de façon à ce que les matières stomacales et intestinales tombént directement dans les voitures spéciales. Ils seront ensuite lavés et nettoyés dans les cuves à ce destinées.

Il est interdit de les introduire dans les salles suivantes avant d'avoir été complètement nettoyées.

Art. 54. — La salle N° 2 de triperie est réservée à l'échaudage et à la préparation des tripes proprement dites. Il est formellement interdit d'y travailler les pieds et les têtes.

La salle N° 3 de triperie est réservée à l'échaudage et à la préparation des têtes et des pieds.

Il est formellement interdit d'y travailler les tripes proprement dites.

Dans chacune des trois salles, l'usage des bacs, paniers ou cases de chaudières aura lieu à tour de rôle pour chacun des bouchers ou tripiers.

Art. 55. — Il est défendu de laisser ouvert sans nécessité aucun robinet d'eau ou de vapeur. Les intéressés devront se conformer aux ordres qu'ils recevront à cet effet du directeur ou du préposé, sous peine d'un procès-verbal et de dommages-intérêts.

Art. 56. — Chaque usager est tenu, à la fin de son travail, au nettoiement des outils, appareils et locaux dont il a fait usage.

Art. 57. — Toute personne qui ne sera pas retenue dans la triperie par son travail ne pourra y séjourner.

Art. 58. — La distribution d'eau chaude aura lieu, savoir : pendant la période d'ouverture du frigorifique, de 6 heures du matin à 7 heures du soir, pendant le reste de l'année de 11 heures du matin à 7 heures du soir, sauf le vendredi, où elle aura lieu de 6 heures du matin à 7 heures du soir.

La fonte des suifs et la préparation des boyaux macérés sont interdits à l'Abattoir. Les boyaux ne pourront y être préparés, lavés et salés qu'à l'état frais.

Art. 59. — La salle de réception des cuirs, peaux et suifs sera lavée chaque jour par les soins des usagers. La même opération sera pratiquée aussitôt après chaque enlèvement des marchandises et à toute réquisition du directeur. Les locaux seront de même désinfectés dans les mêmes conditions.

Art. 60. — Il est formellement interdit d'introduire des matières animales quelconques dans le magasin et de faire servir les locaux de l'entrepôt à des usages autres que ceux auxquels ils sont destinés.

Art. 61. — Toute personne désireuse d'exercer la profession de tripier dans l'Abattoir devra être agréée par la Municipalité après avis du directeur.

CHAPITRE VI

Locaux frigorifiques.

Art. 6.2. — Les salles froides de l'Abattoir de Soissons serviront, la première au refroidissement des viandes des animaux tués à l'Abattoir, la seconde à la conservation de ces viandes comme aussi de celles amenées du dehors.

Art. 63. — La température sera autant que possible maintenue de $+ 5°$ à $+ 8°$ dans l'avant-salle et de $+ 1°$ à $+ 3°$ dans la salle froide, sans que cependant l'Administration puisse être responsable des variations de température passagères mêmes plus importantes.

Art. 64. — Les locaux frigorifiques seront ouverts aux usagers du 15 avril au 15 octobre. Toutefois l'Administration se réserve le droit d'ajourner l'exploitation frigorifique, si la moitié des cases au moins ne sont pas louées.

Art. 65. — L'accès des locaux frigorifiques sera autorisé les jours de travail le matin de 6 heures 1/2 à 8 heures, de 11 heures à midi, et pendant les ;deux dernières heures d'abatage le soir ; les dimanches et jours fériés de 6 heures à 8 heures 1/2 du matin et de 11 heures à midi.

Il est défendu de pénétrer dans les salles sans en avoir prévenu le préposé. Tout usager qui voudra y pénétrer en dehors de ces heures versera à la caisse du préposé une redevance spéciale de 2 francs.

Art. 66. — Les viandes introduites dans les salles froides devront toujours être marquées au nom du boucher ; s'il y a eu substitution ou vol, le directeur devra être immédiatement prévenu.

Art. 67. — En principe ,les viandes ne pourront pénétrer dans l'avant-salle que 2 heures après que l'habillage en sera terminé et dans la salle froide que lorsqu'elles seront refroidies à + 12°, c'est-à-dire après un séjour de 14 heures au moins dans l'avant-salle. En aucun cas elles ne pourront rester dans ce dernier local plus de 3 fois 24 heures, étant entendu que le directeur aura toujours le droit de les faire enlever après un séjour de 24 heures, si les nécessités du service l'exigent.

Quand il s'agira de réintroduire dans la chambre froide des viandes qui y auront déjà séjourné, le directeur pourra en autoriser la resserre directe dans la case frigorifique s'il estime qu'il ne peut en résulter aucun inconvénient pour l'ensemble de l'exploitation.

En tout cas le directeur sera seul juge pour reconnaître si les viandes peuvent être introduites dans les locaux et il est interdit de passer outre sa décision.

Art. 68. — Ne seront admises dans les salles froides que les viandes inspectées et estampillées à l'Abattoir. Lorsqu'il s'agira d'une réintroduction, les viandes seront au préalable soumises à l'examen du directeur ou, en son absence, du préposé.

Art. 69. — La viande avancée ou décomposée, les cuirs, les crins, le vieux suif, les vieilles graisses, les tripes non échaudées, les sabots, les cornes et toute matière dégageant une odeur anormale, désagréable ou repoussante ne pourront être entreposées dans les salles froides.

Le directeur aura toujours le droit de refuser l'accès et de faire enlever immédiatement toutes les viandes avariées ou tous les objets ou denrées non autorisées sauf à en aviser aussitôt l'intéressé.

Art. 70. — Il est interdit de laisser dans les locaux frigorifiques des torchons, linges, tabliers, instruments et de suspendre des objets au plafond des salles, aux barreaux, aux cloisons de séparation et en général ailleurs qu'aux barres à crochets ; de déposer quoi que ce soit par terre. Les récipients quelconques, s'il en est introduit dans les cases, seront en métal et toujours suspendus ou posés sur pied, à 0^{m}20 au moins de haut ; il est défendu de déposer quoi que ce soit dans les passages et d'y faire aucun travail.

Aucune brouette ne peut entrer dans les salles froides.

Art. 71. — Les salles froides seront entretenues dans le plus grand état de propreté. Chaque usager sera chargé du nettoyage de sa case. Le sol, les murs et les barreaux des cases ne devront présenter aucune trace de sang, de graisse ou autre matière sale.

Pour le nettoyage on se servira de torchons humides. Il est interdit de verser de l'eau dans les salles, notamment dans la salle froide, sans l'autorisation expresse du directeur.

Art. 72. — Il est défendu de jeter dans la salle du papier ou des déchets de toute sorte, de cracher par terre.

Les découpages ne pourront se faire que dans l'avant-salle.

Art. 73. — Lorsque la propreté d'une case laissera à désirer l'occupant en sera avisé par écrit et si le lendemain le nettoyage n'est pas exécuté, procès-verbal sera dressé contre lui et le nettoyage exécuté d'office dans les conditions portées à l'article 50.

Art. 74. — Les cases frigorifiques occupées devront toujours être fermées à clef. A cet effet, l'usager recevra de l'Administration un cadenas d'un type spécial dont il aura la clef, cadenas dont il est responsable auprès de l'Administration à laquelle il le remettra en bon état à l'expiration de l'occupation de la cellule, avec sa clef. Le directeur et le préposé auront une clef qui ouvrira tous les cadenas pour leur permettre d'entrer dans les cases frigorifiques à tout moment à fin d'inspection.

Mais toute autre personne ne pourra y pénétrer qu'en la présence du titulaire ou de son représentant autorisé du directeur ou du préposé.

Art. 75. — L'Administration ne prend aucune sorte de garantie, aucune responsabilité, quant aux viandes ou objets conservés dans les salles frigorifiques. Elle vérifiera et constatera les vols ou substitutions et en dressera procès-verbal pour l'affaire être ensuite transmise à l'autorité judiciaire. Elle ne pourra jamais être inquiétée à ce sujet.

Art. 76. — En cas d'arrêt de fonctionnement pour cause de force majeure, les occupants des cases frigorifiques seront immédiatement prévenus, mais ne pourront prétendre à aucune indemnité.

Art. 77. — Les portes d'accès dans les locaux frigorifiques doivent être fermées aussitôt après l'entrée et la sortie par les soins des usagers. Il est défendu d'apporter des modifications dans les cases, notamment d'y placer de nouvelles barres à crochets, de faire des scellements dans les murs sans l'autorisation du directeur donnée après avis de l'architecte-voyer.

Art. 78. — Il est défendu de toucher ou de détériorer les thermomètres, hygromètres, lampes électriques et fils, d'ouvrir sans besoin les robinets à eau, etc., de toucher aux vannes des gaines d'air.

Art. 79. — L'usager est en outre responsable des détériorations constatées dans sa case. A la fin de l'occupation, la case devra être rendue à l'Administration soigneusement nettoyée.

Les réparations et nettoyages seront faits par l'Adminis-

tration aux frais de l'usager, s'il y a lieu, comme il est dit
à l'article 50.

CHAPITRE VII

Police générale de l'Abattoir.

Art. 80. — L'Abattoir sera ouvert pour l'abatage :

1° Pendant les mois de janvier, février, mars, octobre,
novembre et décembre, de 6 heures du matin à 6 heures
du soir.

2° Pendant les mois d'avril à septembre, de 5 heures du
matin à 7 heures du soir.

Il sera fermé de midi à une heure pendant l'hiver et de
midi à une heure et demie pendant l'été.

Cependant, à titre de tolérance, les usagers de l'Abattoir
sont autorisés à entrer des animaux et à en tuer pendant cette
fermeture de midi, mais sans pouvoir réclamer le concours
du personnel.

En cas d'abus ou de contravention, cette autorisation pourra
être supprimée.

Les dimanches et jours fériés, l'Abattoir sera ouvert de
7 heures à 8 heures du matin et de 11 heures à midi, mais
seulement pour les soins à donner aux animaux et pour
l'enlèvement des viandes.

Il est formellement interdit de procéder à l'abatage des
bestiaux pendant ces heures d'ouverture.

Cependant, lorsque 2 jours fériés se suivront, l'Abattoir
sera ouvert d'une façon normale et pour toutes espèces de
travaux le deuxième de ces jours jusqu'à midi.

Art. 81. — Exceptionnellement, en cas de nécessité, le
directeur pourra autoriser l'abatage d'animaux en dehors des
heures d'ouverture de l'établissement. Mais ces abatages
exceptionnels donneront lieu à la perception d'une taxe supplé-
mentaire de 2 francs par heure ou portion d'heure de présence
à l'Abattoir.

Cette redevance servira à couvrir la Ville des frais
d'éclairage et d'une indemnité calculée à raison de 0 fr. 60

par heure à payer au concierge et au receveur à raison de
o fr. 30 pour chacun d'eux.

Art. 82. — Les portes de l'Abattoir devront être constamment tenues fermées.

Art. 83. — L'entrée de l'Abattoir est absolument interdite
à toutes personnes autres que :

1° Les personnes autorisées ;

2° Les bouchers, charcutiers, tripiers, établis à Soissons,
les habitants qui amènent à l'Abattoir un animal destiné à
y être sacrifié pour leur compte, les tueurs et bouchers
etrangers régulièrement autorisés par la Municipalité à exercer
leur profession à l'Abattoir ;

3° Les employés des usagers, mais seulement lorsque leurs
patrons les auront régulièrement fait autoriser par le
directeur :

Les noms des personnes ayant le droit d'entrer à l'Abattoir
seront inscrits sur un registre spécial.

Les intéressés devront s'assurer ,de leur inscription en
temps opportun, car le personnel sera toujours en droit de
refuser l'entrée à une personne non inscrite.

Art. 84. — Il est formellement interdit de laisser pénétrer
dans l'établissement, sous aucun prétexte, des enfants de
moins de 13 ans, à moins qu'ils ne soient acompagnés de
leurs parents ou tuteurs. Dans ce cas, les enfants ne devront
pas quitter les personnes qu'ils accompagnent et la Ville ne
pourra jamais être rendue responsable des accidents qui
pourraient leur arriver dans l'intérieur de l'établissement.

Les jeunes gens de moins de 14 ans, au service des bouchers,
charcutiers et autres usagers, ne pourront pas être employés
à l'Abattoir.

Il est défendu aux pères, mères, tuteurs ou patrons de
laisser courir et jouer à l'Abattoir et ses dépendances leurs
enfants, pupilles ou apprentis, sous les peines portées en
l'article 471, paragraphe 15 du Code pénal, sans préjudice,
le cas échéant, de la responsabilité spécifiée en l'article 1,
384 du Code civil.

Art. 85. — Toute personne qui voudra se livrer à l'abatage des bestiaux, à leur préparation pour les bouchers ou particuliers devra en faire la demande à la Municipalité.

Il en sera de même pour les bouchers étrangers à la Ville qui voudraient abattre ou entreposer des viandes à l'Abattoir.

Art. 86. — Les tueurs agréés par l'Administration seront tenus de prêter leur concours à l'inspecteur ou au préposé toutes les fois que les besoins du service l'exigeront. Leur autorisation de travail pourra leur être retirée pour inobservation du règlement ou refus d'obéir aux injonctions du personnel, en ce qui concerne le service.

Art. 87. — Les personnes étrangères à son exploitation qui voudront visiter l'Abattoir devront en demander l'autorisation au directeur et se munir, auprès du préposé, d'un ticket qui leur sera délivré moyennant le versement d'une somme de o fr. 50.

Les tickets délivrés porteront le timbre à date de l'Abattoir.

Art. 88. — L'entrée de l'Abattoir est interdite à toute personne en état d'ivresse ou dans une tenue malpropre ou indécente. Toute personne se trouvant dans cet état devra être immédiatement expulsée.

Nul ne pourra séjourner dans l'Abattoir une fois son travail terminé.

Art. 89. — Il est défendu aux bouchers, charcutiers, tripiers, ouvriers ou garçons, de circuler dans les cours de l'Abattoir avec des couteaux à la main. Ces instruments doivent être laissés dans les ateliers ou placés dans des étuis suspendus à la ceinture.

Il est également défendu à toute personne de fumer dans les greniers et écuries et de circuler la nuit dans l'Abattoir avec des lumières.

Art. 90. — Il est défendu de sacrifier aucune espèce de bétail en dehors des locaux affectés à cet usage, à moins d'urgence extrême constatée par le directeur ou, à son défaut, par le préposé.

Si un animal venait à mourir à l'Abattoir, il serait conduit à la salle d'abatage sanitaire où le propriétaire pourrait être autorisé par le directeur, s'il n'y trouve aucun inconvénient, à enlever la peau, les suifs.

Lorsqu'un boucher aura abattu une bête femelle qui sera dans un état de gestation, le fruit sera immédiatement conduit dans le local des viandes saisies ou à la voiture de voirie suivant les indications du personnel de l'Abattoir.

Art. 91. — Il est défendu d'embarrasser les cours, passages ou couloirs de l'Abattoir, avec des marchandises, instruments ou ustensiles quelconques, de laver ou de nettoyer les issues des bestiaux ailleurs que dans le lavoir des tripes, de jeter des débris dans les regards d'égoût, de faire ou déposer des ordures ailleurs que dans les locaux affectés à cet usage. Il est défendu de laver les voitures.

Art. 92. — Il est défendu de dégrader aucun objet de l'Abattoir, d'écrire, tracer au crayon quoi que ce soit sur les murs, portes, etc., de planter des couteaux ou autres outils dans les portes et boiseries quelconques, de jeter des débris d'animaux ou d'en lancer contre les murs.

Les patrons sont responsables des dégâts faits par leurs employés.

Art. 93. — Toutes paroles, chants ou actes contraires à la décence ou aux mœurs, de même que tout acte de cruauté envers les animaux sont formellement interdits.

Art. 94. — Il est défendu d'uriner ou de déposer des immondices à d'autres endroits que ceux destinés à cet usage.

Il est aussi défendu de jeter sur les fumiers ni sang, ni entrailles des bestiaux, épluchures ou autres détritus.

Ces résidus seront jetés au tombereau de voirie. En aucun cas il ne sera permis d'en enlever de l'Abattoir.

Art. 95. — Il est défendu de troubler l'ordre dans l'Abattoir et ses dépendances par des rixes, querelles, tapages, cris, chants bruyants ou jeux quelconques.

Les outrages, injures, menaces par paroles ou gestes soit envers les agents de l'Autorité, soit envers des particuliers, les offenses aux bonnes mœurs ou à la décence publique feront l'objet de procès-verbaux et les délinquants seront poursuivis devant les Tribunaux.

Art. 96. — Il est défendu au personnel et aux usagers de l'Abattoir de sortir de l'établissement sous aucun prétexte, avec leur vêtement de travail.

Art. 97. — Toute vente d'objet quelconque de commerce, échange, sont interdits dans l'intérieur de l'Abattoir, ainsi que tous jeux de hasard, débits de vins, liquides ou comestibles.

Art. 98. — Il est défendu de laisser pénétrer dans l'Abattoir des chiens autres que ceux spécialement destinés à conduire les bestiaux Ces chiens devront d'ailleurs être tenus en laisse et attachés dès leur entrée dans l'établissement. Ceux qui seront errants et sans maîtres seront mis en fourrière, sans préjudice des poursuites qui seront dirigées contre leurs propriétaires.

Il est défendu de laisser vaguer des animaux de boucherie, soit de nuit, soit de jour, dans l'intérieur de l'Abattoir, comme aussi d'en attacher aux portes des échaudoirs et partout ailleurs que dans les étables ou anneaux du parc, lors de leur arrivée.

Art. 99. — Il est défendu de claquer du fouet, de faire trotter les chevaux, attelés ou non, dans l'intérieur, à l'entrée ou aux portes de l'Abattoir, dans l'Abattoir les chevaux seront toujours conduits au pas.

Art. 100. — Les voitures, brouettes, bicyclettes et tous autres véhicules devront être rangés aux emplacements à ce destinés et ne pourront, sans une permission spéciale, séjourner dans une autre partie de l'établissement, notamment aux abords du passage couvert, que pendant le temps de leur chargement et de leur déchargement.

Il est défendu de laisser stationner les attelages en liberté. Les voitures seront enrayées et les chevaux attachés.

Art. 101. — Il est défendu d'attacher les animaux partout ailleurs qu'aux anneaux à ce destinés et de placer des chevaux, bœufs, taureaux, vaches, veaux, moutons ou porcs, même momentanément, dans les locaux qui ne leur sont pas spécialement affectés.

Art. 102. — Il est interdit de circuler à bicyclette dans l'Abattoir. Ni les bicyclettes, ni les brouettes ne pourront pénétrer dans les salles d'abatage.

Art. 103. — Aucune voiture de fourrage, combustibles, etc., ne sera reçue dans l'Abattoir, si son chargement ne peut être rentré et resserré avant la nuit.

Art. 104. — L'entrée et la circulation des greniers à fourrages sont absolument interdites après le coucher du soleil.

' Il est défendu de coucher dans les greniers, écuries, bouveries, bergeries et autres locaux destinés à des dépôts et au travail.

Art. 105. — Il est défendu de traire les vaches entreposées à l'Abattoir sans la permission écrite des bouchers auxquels elles appartiennent.

Art. 106. — Il est interdit d'entrer ou de sortir aucun paquet ou panier sans l'avoir soumis à la visite du préposé ou du concierge.

Art. 107. — D'une façon générale, les bouchers, charcutiers, tripiers et autres usagers devront se conformer à toutes les mesures d'ordre de police ou d'hygiène prescrites par le directeur et en son absence par le préposé.

Art. 103. — Il est défendu au personnel d'élever des poules, lapins ou autres animaux domestiques dans l'enceinte de l'Abattoir.

CHAPITRE VIII

Enlèvement et transport des viandes.

Art. 109. — Les viandes, abats et issues provenant des animaux abattus ne peuvent être laissés à l'Abattoir, si ce n'est dans la resserre ou les locaux frigorifiques pour les matières qui y sont admises, que pendant la journée au cours de laquelle a lieu l'abatage et durant celle qui suit.

Art. 110. — Les viandes ne pourront être transportées sur le territoire de la Ville de Soissons que dans des conditions absolues de propreté, dans des voitures, brouettes ou paniers absolument clos, si possible, ou tout au moins dont le fond et les parois latérales seront pleins. Si ces véhicules ne sont pas couverts, les viandes seront entourées de linges blancs et propres, de façon à ne pas être exposées à la poussière, aux intempéries, ni à la vue.

Il est formellement interdit de laisser pendre extérieurement à la voiture des viandes ou des abats, à plus forte raison de les laisser traîner sur les roues ou sur les chaussées.

Les viandes ainsi souillées pourront faire l'objet de saisies tout au moins partielles.

Les voitures destinées au transport des viandes seront toujours propres intérieurement (pas de boue, de sang ou de graisse). Le directeur devra interdire le chargement dans des voitures malpropres.

Les voitures ne pourront être nettoyées à l'Abattoir qu'exceptionnellement, avec l'autorisation du directeur et aux endroits spécialement désignés à cet effet.

Les paniers, jattes, sacs, seaux et autres récipients seront présentés à la visite du directeur ou du préposé à toute réquisition de ceux-ci. Les voitures elles-mêmes seront soumises à cette visite.

Art. 111. — Toute personne, avant de sortir des viandes de l'Abattoir, devra en faire la déclaration au préposé.

Deuxième Partie

CHAPITRE IX

Inspection des viandes.

Art. 112. — L'inspection aura lieu pour toutes les viandes tuées à l'Abattoir au cours de la première visite qui suivra l'abatage pour les animaux qui y seront amenés.

Du 1er octobre au 31 mars, de 7 heures 1/2 à 9 heures du matin.

Du 1er avril au 1er octobre, de 7 heures à 8 heures 1/2 du matin.

A midi, la visite durera au moins un quart d'heure et sera terminée à 11 heures 1/2 ; le soir, la visite durera 1 heure 1/2 et se terminera une demi-heure avant la fermeture de l'Abattoir, c'est-à-dire à 6 heures 1/2 l'été et à 5 heures 1/2 l'hiver ; ces deux saisons étant déterminées comme ci-dessus. Toutefois, il reste bien entendu que l'inspecteur pourra toujours ajourner au lendemain l'estampille des viandes qu'il aurait à examiner à la lumière artificielle. Pesées à 8 h. 1/4, 11 h. 1/2, 4 h. 1/2 et 5 h. 1/2.

Le samedi, la visite du soir durera jusqu'à l'heure de la fermeture de l'Abattoir. Il n'y aura pas de visite les jours où l'Abattoir n'est pas ouvert à l'abatage.

Art. 113. — La viande provenant des animaux amenés pour être tués d'urgence et soupçonnés comme susceptibles de fournir une viande impropre à la consommation, pourra n'être estampillée s'il y a lieu que 24 heures ou 36 heures après l'abatage.

Art. 114. — Les chevreaux âgés de moins de 20 jours, les agneaux de moins de 30 jours et les veaux de moins de 40 jours seront considérés comme impropres à la consommation.

Les veaux ne pesant pas au moins 60 kilogs vifs et d'un rendement inférieur à 34 kilogs de viande nette pourront également être considérés comme impropres à la consommation.

Art. 115. — Aucune viande ne pourra sortir des halles sans avoir été visitée par le vétérinaire-directeur et estampillée s'il y a lieu sur son ordre.

Art. 116. — Le vétérinaire ne fera procéder à l'estampille des viandes que si l'animal est complètement dépouillé, les viscères enlevés ; toutefois, les rognons ne pourront être entièrement détachés et devront rester adhérents au corps.

Les autres viscères ne pourront être enlevés de la salle d'abatage que lorsque la viande de l'animal aura été visitée et estampillée. En ce qui concerne les poumons, ils pourront être détachés à la condition d'être présentés à l'inspection tels qu'ils auront été extraits de la poitrine, c'est-à-dire avec tous les ganglions adjacents et sans avoir été ni dégraissés, ni épluchés.

Art. 117. — Les gros animaux devront être fendus en deux : les chevaux auront toujours la tête fendue dans le sens de la longueur · les porcs auront la tête coupée de façon à permettre l'examen des muscles du cou et les veaux auront la poitrine complètement ouverte.

Il est également interdit, sous peine de saisie et de poursuites, de faire disparaître avant l'inspection toutes traces de lésions existantes sur les chairs et les abats, en un mot, de pratiquer un épluchage quelconque.

Art. 118. — Les bouchers, charcutiers, tripiers, propriétaires, garçons, etc., sont d'ailleurs tenus de faciliter toutes les visites de l'inspecteur-vétérinaire sur les viandes et abats qui leur appartiennent, qu'ils ont la charge de préparer ou dont ils ont la garde.

Ils devront, à cet effet, se conformer aux indications du vétérinaire, pratiquer toutes coupes, incisions et ablations que celui-ci jugera nécessaires pour parfaire son examen.

Les refus seront constatés par un procès-verbal qui sera immédiatement transmis à l'autorité compétente et la viande demeurera séquestrée jusqu'à ce qu'il ait été statué.

Art. 119. — Les viandes reconnues propres à la consommation seront marquées à l'aide de l'estampille portant les indications suivantes : Inspection sanitaire, Soissons, la date du jour et un signe particulier variable.

Art. 120. — L'estampille sera renfermée dans le bureau du directeur qui, seul, a qualité pour la faire apposer.

Art. 121. — Toute viande reconnue impropre à la consommation sera saisie et mise en dépôt dans un local fermé ; après les délais légaux elle sera dénaturée puis détruite par incinération.

La dénaturation des viandes devra se faire en présence du vétérinaire qui en certifiera l'exécution sur le registre des saisies.

Art. 122. — L'inspecteur pourra faire retrancher d'un animal telles parties de viande qui lui parraîtraient impropres à la consommation pour en opérer la saisie et la dénaturation dans les mêmes conditions que ci-dessus.

Art. 123. — Dans tous les cas de saisie totale ou partielle, le vétérinaire inscrira immédiatement sur un livre à souche à ce destiné les renseignements concernant ladite opération.

Avis en sera immédiatement donné à la Mairie et à l'intéressé qui pourra d'ailleurs demander qu'un extrait du procès-verbal lui soit remis pour exercer, s'il y a lieu, tout recours contre son vendeur.

Art. 124. — Dans tous les cas, sauf ceux où il en est crdonné autrement par la loi, le propriétaire pourra disposer des cuirs et des suifs.

Art. 125. — Dans les cas de saisie, les droits et taxes prévues au présent règlement se rapportant au poids de la viande saisie seront toujours dus par l'intéressé et ne pourront lui être remboursés.

Art. 126. — Si le propriétaire d'un animal proteste contre la saisie, il pourra recourir à une expertise judiciaire qui devra toujours avoir lieu dans les délais prescrits par la loi.

En attendant, les viandes provenant de l'animal saisi seront séquestrées ainsi que les viscères, pour que les experts nommés puissent juger en toute connaissance de cause.

CHAPITRE X

Inspection des viandes foraines.

Art. 127. — Il est interdit de mettre en vente ou de livrer aux acheteurs, sur le territoire de Soissons, des viandes foraines qui n'auront pas, au préalable, été estampillées par le service municipal de l'inspection sanitaire de Soissons.

L'inspection de ces viandes aura lieu tous les jours, sauf les dimanches et jours fériés, à l'Abattoir, le matin de 7 heures 1/2 à 8 heures 1/2. En dehors de cette inspection, le vétérinaire fera deux visites supplémentaires aux heures fixées pour l'inspection des viandes préparées à l'Abattoir.

Art. 128. — Sont considérées comme viandes foraines et soumises aux dispositions du présent règlement toutes les viandes ne provenant pas d'animaux tués à l'Abattoir de Soissons.

Art. 129. — Les viandes foraines devront être présentées de la manière suivante : celle de bœuf, vache, taureau, par quartier au moins, celle de veau, de mouton et de porc, par moitié au moins. Toutefois, les morceaux de choix tels que filets, faux-filets et aloyaux, pour les viandes de bœuf, cuissots et épaules de veau, gigots, épaules et carrés de mouton, jambons et épaules de porc, continueront à être admis. à l'état de pièces détachées à la condition d'être présentés entiers.

A titre de tolérance, on admettra jusqu'à nouvel ordre à l'inspection, les morceaux détachés autres que ceux désignés plus haut, mais d'un poids supérieur à 5 kilogs, sous les conditons spécifiées ci-après :

Art. 130. — Les viandes introduites ne pourront provenir que :

1° D'abattoirs où l'inspection vétérinaire est effectuée dans les conditions, au moins équivalentes à celles de l'inspection à Soissons, c'est-à-dire par un personnel expérimenté et sous le contrôle permanent de vétérinaires tels Paris, Reims, etc... Dans ce cas, il suffira que chaque animal ou morceau détaché porte l'estampille du service sanitaire de cet Abattoir.

2° De tueries ou d'abattoirs régulièrement inspectés mais non d'une façon continue par un vétérinaire et alors l'estampille du service sanitaire de la commune devra également exister sur chaque morceau présenté.

Cette estampille suffira lorsque la viande sera présentée : par quartier pour le bœuf, le taureau ou la vache ; par demi-bête pour le veau, le mouton et le porc, sous la condition expresse que ces morceaux ne présenteront aucune trace d'épluchage.

Pour tous les morceaux ne remplissant pas ces conditions, tout en satisfaisant à celles énoncées à l'article 127, il sera exigé un certificat du vétérinaire-inspecteur de la tuerie, et conforme au modèle ci-après :

INTRODUCTION DES VIANDES FORAINES
dans la Ville de Soissons

—

CERTIFICAT
du Vétérinaire Inspecteur

Je soussigné ...... vétérinaire-inspecteur des tueries particuliè-res de la commune de ...... certifie avoir inspecté ce jour après l'abatage, mais avant tout dépe-çage, dans la tuerie particulière de M........, bœuf ...., vache ...., taureau ...., veau ...., mouton ...., chèvre ...., porc .....

Après avoir reconnu la viande propre à la consommation, j'ai fait apposer l'estampille repro-duite ci-dessous sur les morceaux désignés ci-après :

BŒUF VACHE TAUREAU	VEAU	MOUTON	CHÈVRE	PORC	

Le .... 191 .

L'estampille sera reproduite sur le certificat.

Il est bien entendu que ces certificats et estampilles ne préjugeront en rien de la décision à intervenir, laquelle reste exclusivement réservée au vétérinaire-inspecteur de la Ville de Soissons.

Art. 131. — Lorsqu'un boucher ou un charcutier voudra introduire à Soissons des viandes provenant d'animaux tués en dehors des tueries et abattoirs régulièrement inspectés, il sera tenu :

1° D'amener l'animal entier préparé dans les conditions exigées pour l'inspection des animaux tués à l'Abattoir 'de Soissons, c'est-à-dire avant tout dépeçage, sans épluchage et avec tous les viscères suivants : poumons, reins, cœur, foie, rate, etc...

2° De fournir un certificat d'un vétérinaire diplômé indiquant l'état sanitaire de l'animal avant l'abatage et faisant connaître pour quelle cause l'animal a été abattu.

Art. 132. — Les viandes foraines telles qu'elles sont spécifiées ci-dessus devront être conduite directement, sans arrêt, du bureau d'octroi où l'introduction a eu lieu à l'Abattoir, pour être soumises à l'inspection sanitaire.

Il est formellement interdit d'en distraire ou d'en déposer en cours de route une quantité quelconque.

Ces viandes seront accompagnées d'un bulletin délivré par le bureau introducteur pour être remis à l'inspecteur.

La quittance d'octroi sera estampillée à l'Abattoir et présentée à toute réquisition.

Art. 133. — Dès leur arrivée à l'Abattoir, les viandes foraines seront déchargées des voitures qui les auront amenées et transportées dans la salle d'inspection ; elles y seront suspendues à des crochets ou placées sur la table ; le tout par les soins de l'introducteur qui d'ailleurs devra exécuter toutes manipulations et pratiquer toutes coupes, incisions et ablations qui lui seront demandées par l'inspecteur dans le but de faciliter son inspection.

Celles qui seraient amenées à l'Abattoir après l'heure fixée pour l'inspection y resteront jusqu'à la visite suivante à moins que l'introducteur ne préfère les sortir immédiatement de la Ville. Si elles restent à l'Abattoir elles recevront par les soins de l'intéressé une marque distinctive pour éviter de les confondre avec celles d'autres introducteurs.

Art. 134. — Les viandes foraines reconnues saines seront immédiatement et en présence de l'inspecteur marquées d'une estampille.

Cette estampille figurera sur la quittance d'octroi qui aura été remise à l'introducteur.

Les viandes foraines estampillées seront enlevées immédiatement de l'Abattoir et conduites soit sur les marchés, soit dans les boutiques et étaux de la Ville.

Art. 135. — Lorsqu'un boucher ou charcutier ou marchand de comestibles présentera à la visite sanitaire des morceaux ne répondant pas aux prescriptions ci-dessus, ces morceaux ne seront pas estampillés et le propriétaire sera tenu de les transporter directement hors de la Ville. Il lui sera accordé à cet effet un délai d'une heure. Il devra justifier de cette sortie au bureau d'octroi par lequel elle s'effectuera.

Toutefois, sur la demande du boucher, les morceaux non estampillés pourront être consignés à l'Abattoir de façon à permettre à ce boucher d'aller vendre sur le marché les autres viandes satisfaisant aux conditions du règlement.

Art. 136. — Les habitants de Soissons qui recevront du dehors des viandes pour leur consommation personnelle peuvent les faire entrer en Ville ·sans les soumettre à l'inspection.

Procès-verbal sera dressé contre tout particulier qui servira d'intermédiaire entre un boucher, charcutier ou autre marchand de comestibles en introduisant en Ville des viandes sans les soumettre à l'inspection.

CHAPITRE XI

Police de la Boucherie ordinaire.

Art. 137. — Toute personne qui désire exercer un commerce de boucherie, charcuterie, triperie ou plus généralement un commerce ou une industrie concernant les viandes destinées à l'alimentation est tenue d'en faire la déclaration par écrit à la Mairie, au moins huit jours avant l'ouverture de son établissement, de faire connaître la situation de l'immeuble et d'indiquer tous les locaux dans lesquels elle se propose d'exercer sa profession.

Cette déclaration devra être renouvelée en cas de changement de demeure, comme en cas de changement de propriétaire.

Art. 138. — Les locaux destinés à la resserre des viandes, à leur travail et à la vente doivent être convenablement éclairés et ventilés, avoir un sol et des murs imperméables et bien lisses. Ils ne sauraient être adjacents à des chambres à coucher, ni renfermer aucun tampon ni tuyau de fosses d'aisances.

Art. 139. — Il est interdit de mettre en vente, de manipuler ou d'entreposer des viandes, tripes, salaisons, conserves, déchets de viande dans les locaux autres que ceux renseignés à la déclaration.

Les boutiques d'épicier ou autres où se débitent de la viande et des produits de charcuterie, présenteront un emplacement réservé à cette vente et satisfaisant aux conditions indiquées à l'article 137.

Art. 140. — Il est interdit de conserver dans les établissements et entrepôts aucune viande, préparation ou déchet présentant le moindre signe de corruption.

Art. 141. — Le colportage de la viande en quête d'acheteur est interdit.

CHAPITRE XII

Police de la Boucherie hippophagique.

Art. 142. — Le débit de la viande de cheval comme denrée alimentaire est autorisé à Soissons aux conditions suivantes :

Les chevaux destinés à la consommation publique ne seront tués qu'à l'Abattoir ; l'introduction et la mise en vente dans la Ville des viandes de chevaux, ânes, mulets, tués partout ailleurs, est formellement interdite.

Art. 143. — Les viandes revêtues de l'estampille d'autorisation ne pourront être mises en vente que dans des boucheries spéciales ou sur les marchés, dans des étaux spéciaux.

Ces boutiques et étaux porteront pour enseigne en gros caractère : Boucherie de viande de cheval.

L'acheteur pourra toujours exiger la justification de l'estampille comme garantie de l'inspection et du bon état de la viande.

Art. 144. — Le colportage de la viande de cheval est formellement interdit comme tòut échange et tout·espèce de trafic entre les bouchers vendant cette denrée et ceux qui. vendent d'autres viandes.

Art. 145. — Il est interdit aux restaurateurs et autres marchands de comestibles de vendre de la viande de cheval, âne, mulet, cuite ou dénaturée sans en indiquer clairement l'espèce ou de la mélanger frauduleusement avec d'autres viandes.

Art. 146. — Les bouchers vendant la viande de cheval se conformeront du reste à toutes les prescriptions réglementaires concernant les soins d'abatage et le commerce de la boucherie en général.

CHAPITRE XIII

Police de la vente
de toutes denrées alimentaires
dans les boutiques et sur les marchés.

Art. 147. — Le vétérinaire-inspecteur visitera fréquemment les étaux et boutiques des bouchers, charcutiers et tripiers, établis en Ville, ainsi que les boutiques des épiciers qui vendent de la charcuterie et des viandes salées ou conservées et des marchands de comestibles en général. Il inspectéra fréquemment les halles et marchés publics.

Art. 148. — Il s'assurera que la viande de boucherie a été inspectée et estampillée et qu'elle se trouve dans un bon état de conservation.

Art. 149. — Toutes les viandes ou autres denrées corrompues, avariées ou reconnues impropres à la consommation seront saisies et ramenées à l'Abattoir par les soins et aux frais des déteneurs et sous la surveillance de l'inspecteur et de la Police, afin d'être dénaturées.

Art. 150. — Le vétérinaire-inspecteur s'assurera en outre que le poisson èt les autres denrées alimentaires mis en vente sur les marchés se trouvent dans un bon état de conservation.

Art. 151. — Les bouchers, charcutiers et autres marchands de comestibles ne pourront, sous aucun prétexte, refuser l'entrée de leur établissement à l'inspecteur. Ils ne devront soustraire à l'inspection aucune viande qu'ils détiendront au moment de la visite.

L'inspecteur pourra exiger toutes les manipulations nécessaires à son examen. Il pourra prélever des échantillons afin de parfaire son contrôle.

Troisième Partie

CHAPITRE XIV

Perception des taxes.

Art. 152. — Le service de l'Abattoir est chargé de la perception de tous les droits et redevances auxquels donneront lieu, aux termes des règlements, l'usage de l'Abattoir et de ses annexes et des services qui y sont établis.

Ces droits se rapportent aux services suivants :

1° Inspection des viandes foraines ;
2° Abatage ;
3° Usage de la triperie ;
4° Usage de l'entrepôt des cuirs, peaux et sang ;
5° Pesage ;
6° Usage de la salle froide ;
7° Vente de la glace.

1° Inspection des Viandes foraines

Art. 153. — Il sera perçu pour toutes les viandes foraines soumises à l'inspection un droit de 0 fr. 03 par kilogramme de viande nette. Dans aucun cas, même de saisie ou de sortie de la Ville, ce droit ne pourra être restitué.

2° Droit d'abatage

Art. 154. — Ce droit est fixé pour toutes espèces de viandes à 0 fr. 05 par kilogramme de viande nette. Cette taxe est exigible avant l'enlèvement.

Art. 155. — La viande nette doit s'entendre ce qui reste d'un animal sacrifié lorsque le tueur a enlevé :

1° La peau, sans viande ni graisse adhérentes ;

2° Les viscères pectoraux et abdominaux, à l'exception des reins qui restent attachés aux quartiers de derrière avec les graisses qui les environnent et celles du bassin.

Le diaphragme ou hampe ne doit pas non plus être enlevé. La poitrine ne sera dégraissée sous aucun prétexte.

3° La tête coupée au niveau de l'articulation occipito-atloïdienne en faisant passer le couteau au ras du bord postérieur du maxillaire inférieur.

4° Les membres coupés aux articulations carpo-métacarpiennes et tarso-métatarsiennes.

5° La queue entre la deuxième et la troisième vertèbres.

Art. 156. — Le directeur et le préposé devront relever une contravention chaque fois que l'animal soumis à la pesée n'aura pas été strictement préparé, conformément à ce qui précède.

D'un autre côté, les bouchers et charcutiers ne pourront jamais se prévaloir de ce qu'ils ont laissé adhérents au moment de la pesée, certains viscères ou certains organes que le règlement leur permettrait d'enlever pour réclamer une diminution forfaitaire du poids accusé par la bascule pour le calcul de la taxe.

Toutefois, il sera déduit de la pesée, lorsque celle-ci sera faite moins de deux heures après l'abatage, 3 % du poids réel pour tenir compte de ce que l'on appelle le chaud.

Art. 157. — La taxe d'abatage est due même pour les viandes saisies.

3° *Usage de la Triperie*

Art. 158. — Il pourra être perçu une redevance à débattre à forfait pour l'occupation du local affecté à la triperie ; cette redevance donnera uniquement droit à l'usage dudit local, concurremment avec les autres usagers de l'Abattoir.

4° *Taxe d'entrepôt des Cuirs, Peaux, Sang, etc.*

Art. 159. — Il pourra être perçu une redevance à débattre à forfait pour l'occupation du local affecté à l'entrepôt des cuirs, des peaux et du travail du sang ; cette redevance donnera uniquement le droit à l'usage des locaux concurremment avec les autres usagers de l'Abattoir.

5° *Droit de Pesage*

Art. 160. — Toute pesée autre que celle nécessaire pour la perception des taxes ou le contrôle des déclarations prévues par le règlement donnera lieu aux redevances ci-après :

1° Viandes abattues, par chaque pesée de moins de
100 kilos.................................... o fr. 20
2° Viandes abattues, par chaque pesée de plus de
100 kilos.................................... 0   30
3° Animaux vivants, par tête de gros bétail...... o   30
4° Animaux vivants, par tête de veau ou porc.... 0   20
5° Animaux vivants, par tête de mouton........ 0   10
Avec minimum de o fr. 50 par pesée.

6° *Usage des Locaux frigorifiques*

Art. 161. — Les usagers de l'Abattoir qui veulent occuper une case frigorifique devront en faire la demande écrite au directeur de l'Abattoir qui la transmettra à la Municipalité.

Art. 162. — Le redevance d'occupation est fixée pour les bouchers à 200 francs, payables par avance et en deux termes, étant entendu qu'une seule case ne peut servir qu'à un seul occupant.

Un boucher qui occuperait deux cases paierait le prix de 400 francs.

Ces redevances s'appliquent à une saison de 6 mois, divisible seulement en deux périodes allant l'une du 15 avril au 15 juillet, l'autre du 15 juillet au 15 octobre.

Art. 163 — Le titulaire d'une case ne peut laisser à personne la jouissance ou la co-jouissance d'une case. En cas d'infraction à cette clause, le titulaire versera à la Ville une indemnité fixée à forfait à 100 francs et son droit d'occupation cessera sans qu'il puisse prétendre à un remboursement de la redevance payée.

Par exception, une case peut être concédée en commun à 2 charcutiers, 2 bouchers.

Dans ce cas la redevance est fixée à 150 francs.

Les titulaires des cases occupées dans ces conditions répondent solidairement de l'observation du règlement et du paiement de la redevance.

Art. 164. — Les locaux frigorifiques ne seront mis à la disposition des intéressés que lorsqu'ils auront justifié du paiement desdites redevances.

L'avant-salle froide sera mise gratuitement à la disposition des cases frigorifiques.

7° *Vente de la Glace*

Art. 165. — La glace sera vendue à raison de 0 fr. 15 par kilo pour les bouchers et charcutiers de la Ville et à ceux du dehors titulaires d'une case frigorifique et à raison de 0 fr. 25 pour toutes les autres personnes.

La glace sera distribuée les jours non fériés de 7 heures à 8 heures l'été ; de 6 heures 1/2 à 8 heures l'hiver ; de 11 heures à midi ; l'après-midi à partir de 5 heures 1/2 à 6 heures 1/2 ; le dimanche et les jours fériés la distribution de glace se fera de 7 heures à 8 heures du matin.

Quatrième Partie

CHAPITRE XV

Dispositions générales.

Art. 166. — Toutes les contraventions aux dispositions du présent règlement seront constatées par des procès-verbaux et poursuivies conformément aux lois devant les Tribunaux compétents, sans préjudice des actions en dommages qui pourront avoir été encourues.

Art. 167. — Le vétérinaire-directeur, le préposé, le personnel de l'Abattoir, le voyer-architecte, le commissaire de police, les agents de police et les gardes champêtres, les agents du service de l'octroi sont chargés, chacun en ce qui le concerne, de l'exécution du présent règlement.

Art. 168. — Les arrêtés municipaux antérieurs sont abrogés en ce qu'ils peuvent avoir de contraire au présent règlement.

Fait à Soissons, le vingt-quatre décembre mil neuf cent douze.

Le Maire,

Signé : BECKER.

Chevalier de la Légion d'honneur.

3ᵉ Division

Vu pour exécution immédiate
conformément aux dispositions de l'article 95
de la loi du 5 avril 1884.

Laon, le 16 janvier 1913.

Pour le Préfet et par délégation,

Le secrétaire général,

Signé : BERTHELOT.

Pour extrait conforme,

Le Maire de Soissons.